This One Line A Day Journal

Is a simple easy way to jot down
memories each day.
Just a line a day!
Our lives are busy with work,
family & everyday tasks, keeping
a journal can get pushed aside.
This journal is a quick and simple
way to record those special
moments.

Enjoy!

THIS

ONE-LINE-A-DAY
FIVE-YEAR MEMORY JOURNAL

BELONGS TO:

....

PERSONAL INFORMATION

NAME:

....

ADDRESS:

....

....

MOBILE:

....

LANDLINE:

....

EMAIL:

....

SOCIAL MEDIA:

....

IN CASE OF EMERGENCY:

IMPORTANT MEDICAL INFORMATION:

....

EMERGENCY CONTACT:

....

MONTH:

....

1st ....

20 ......

20 ......

20 ......

20 ......

20 ......

2nd

20 ......

20 ......

20 ......

20 ......

20 ......

3rd

20 ......

20 ......

20 ......

20 ......

20 ......

4th

20 ......

20 ......

20 ......

20 ......

20 ......

5th

20 ......

20 ......

20 ......

20 ......

20 ......

6th

20 ......

20 ......

20 ......

20 ......

20 ......

7th

20 ......

20 ......

20 ......

20 ......

20 ......

8th

20 ......

20 ......

20 ......

20 ......

20 ......

9th

20 ......

20 ......

20 ......

20 ......

20 ......

10th ....

20 ......

20 ......

20 ......

20 ......

20 ......

11th

20 ......

20 ......

20 ......

20 ......

20 ......

12th

20 ......

20 ......

20 ......

20 ......

20 ......

13th

20 ......

20 ......

20 ......

20 ......

20 ......

14th

20 ......

20 ......

20 ......

20 ......

20 ......

15th

20 ......

20 ......

20 ......

20 ......

20 ......

16th ....

20 ......

20 ......

20 ......

20 ......

20 ......

17th

20 ......

20 ......

20 ......

20 ......

20 ......

18th

20 ......

20 ......

20 ......

20 ......

20 ......

19th

20 ......

20 ......

20 ......

20 ......

20 ......

20th

20 ......

20 ......

20 ......

20 ......

20 ......

21st

20 ......

20 ......

20 ......

20 ......

20 ......

22nd ....

20 ......

20 ......

20 ......

20 ......

20 ......

23rd

20 ......

20 ......

20 ......

20 ......

20 ......

24th

20 ......

20 ......

20 ......

20 ......

20 ......

25th ....

20 ......

20 ......

20 ......

20 ......

20 ......

26th

20 ......

20 ......

20 ......

20 ......

20 ......

27th

20 ......

20 ......

20 ......

20 ......

20 ......

28th ....

20 ......

20 ......

20 ......

20 ......

20 ......

29th

20 ......

20 ......

20 ......

20 ......

20 ......

30th

20 ......

20 ......

20 ......

20 ......

20 ......

20 .....

20 .....

20 .....

20 .....

20 .....

MONTH:

....

20 ......

20 ......

20 ......

20 ......

20 ......

2nd

20 ......

20 ......

20 ......

20 ......

20 ......

3rd

20 ......

20 ......

20 ......

20 ......

20 ......

4th

20 ......

20 ......

20 ......

20 ......

20 ......

5th

20 ......

20 ......

20 ......

20 ......

20 ......

6th

20 ......

20 ......

20 ......

20 ......

20 ......

7th

20 ......

20 ......

20 ......

20 ......

20 ......

8th

20 ......

20 ......

20 ......

20 ......

20 ......

9th

20 ......

20 ......

20 ......

20 ......

20 ......

10th ....

20 ......

20 ......

20 ......

20 ......

20 ......

11th

20 ......

20 ......

20 ......

20 ......

20 ......

12th

20 ......

20 ......

20 ......

20 ......

20 ......

13th

20 ......

20 ......

20 ......

20 ......

20 ......

14th

20 ......

20 ......

20 ......

20 ......

20 ......

15th

20 ......

20 ......

20 ......

20 ......

20 ......

16th ....

20 ......

20 ......

20 ......

20 ......

20 ......

17th

20 ......

20 ......

20 ......

20 ......

20 ......

18th

20 ......

20 ......

20 ......

20 ......

20 ......

19th ....

20 ......

20 ......

20 ......

20 ......

20 ......

20th

20 ......

20 ......

20 ......

20 ......

20 ......

21st

20 ......

20 ......

20 ......

20 ......

20 ......

22nd

20 ......

20 ......

20 ......

20 ......

20 ......

23rd

20 ......

20 ......

20 ......

20 ......

20 ......

24th

20 ......

20 ......

20 ......

20 ......

20 ......

25th ....

20 ......

20 ......

20 ......

20 ......

20 ......

26th

20 ......

20 ......

20 ......

20 ......

20 ......

27th

20 ......

20 ......

20 ......

20 ......

20 ......

28th

20 ......

20 ......

20 ......

20 ......

20 ......

29th

20 ......

20 ......

20 ......

20 ......

20 ......

30th

20 ......

20 ......

20 ......

20 ......

20 ......

20 ......

20 ......

20 ......

20 ......

20 ......

MONTH:

....

20 ......

20 ......

20 ......

20 ......

20 ......

2nd

20 ......

20 ......

20 ......

20 ......

20 ......

3rd

20 ......

20 ......

20 ......

20 ......

20 ......

4th

20 ......

20 ......

20 ......

20 ......

20 ......

5th

20 ......

20 ......

20 ......

20 ......

20 ......

6th

20 ......

20 ......

20 ......

20 ......

20 ......

7th

20 ......

20 ......

20 ......

20 ......

20 ......

8th

20 ......

20 ......

20 ......

20 ......

20 ......

9th

20 ......

20 ......

20 ......

20 ......

20 ......

10th ....

20 ......

20 ......

20 ......

20 ......

20 ......

11th

20 ......

20 ......

20 ......

20 ......

20 ......

12th

20 ......

20 ......

20 ......

20 ......

20 ......

13th

20 ......

20 ......

20 ......

20 ......

20 ......

14th

20 ......

20 ......

20 ......

20 ......

20 ......

15th

20 ......

20 ......

20 ......

20 ......

20 ......

16th

20 ......

20 ......

20 ......

20 ......

20 ......

17th

20 ......

20 ......

20 ......

20 ......

20 ......

18th

20 ......

20 ......

20 ......

20 ......

20 ......

19th ....

20 ......

20 ......

20 ......

20 ......

20 ......

20th

20 ......

20 ......

20 ......

20 ......

20 ......

21st

20 ......

20 ......

20 ......

20 ......

20 ......

22nd

20 ......

20 ......

20 ......

20 ......

20 ......

23rd

20 ......

20 ......

20 ......

20 ......

20 ......

24th

20 ......

20 ......

20 ......

20 ......

20 ......

25th ....

20 ......

20 ......

20 ......

20 ......

20 ......

26th

20 ......

20 ......

20 ......

20 ......

20 ......

27th

20 ......

20 ......

20 ......

20 ......

20 ......

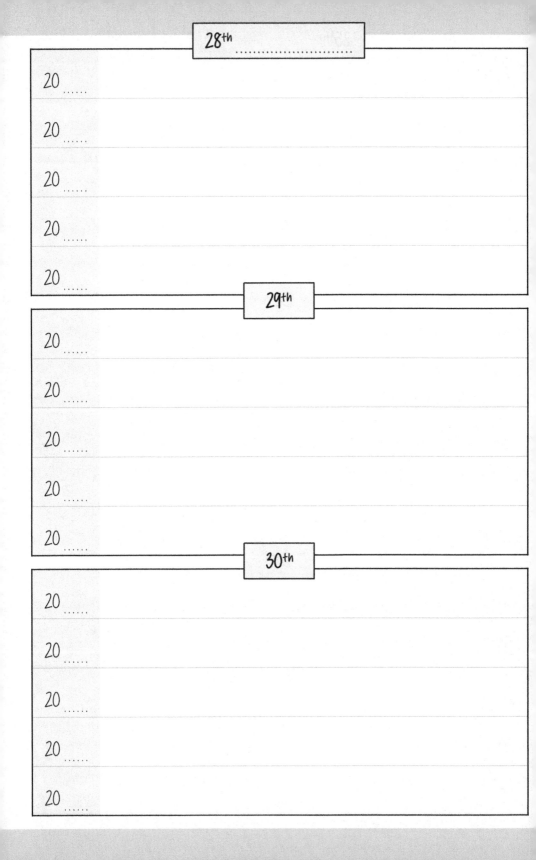

28th ....

20 ......

20 ......

20 ......

20 ......

20 ......

29th

20 ......

20 ......

20 ......

20 ......

20 ......

30th

20 ......

20 ......

20 ......

20 ......

20 ......

31st ....

20 ......

20 ......

20 ......

20 ......

20 ......

MONTH:

....

20 ......

20 ......

20 ......

20 ......

20 ......

2nd

20 ......

20 ......

20 ......

20 ......

20 ......

3rd

20 ......

20 ......

20 ......

20 ......

20 ......

4th ....

20 ......

20 ......

20 ......

20 ......

20 ......

5th

20 ......

20 ......

20 ......

20 ......

20 ......

6th

20 ......

20 ......

20 ......

20 ......

20 ......

7th

20 ......

20 ......

20 ......

20 ......

20 ......

8th

20 ......

20 ......

20 ......

20 ......

20 ......

9th

20 ......

20 ......

20 ......

20 ......

20 ......

10th ....

20 ......

20 ......

20 ......

20 ......

20 ......

11th

20 ......

20 ......

20 ......

20 ......

20 ......

12th

20 ......

20 ......

20 ......

20 ......

20 ......

13th

20 ......

20 ......

20 ......

20 ......

20 ......

14th

20 ......

20 ......

20 ......

20 ......

20 ......

15th

20 ......

20 ......

20 ......

20 ......

20 ......

16th

20 ......

20 ......

20 ......

20 ......

20 ......

17th

20 ......

20 ......

20 ......

20 ......

20 ......

18th

20 ......

20 ......

20 ......

20 ......

20 ......

19th
....

20 ......

20 ......

20 ......

20 ......

20 ......

20th

20 ......

20 ......

20 ......

20 ......

21st

20 ......

20 ......

20 ......

20 ......

20 ......

22nd

20 ......

20 ......

20 ......

20 ......

20 ......

23rd

20 ......

20 ......

20 ......

20 ......

24th

20 ......

20 ......

20 ......

20 ......

20 ......

25th ....

20 ......

20 ......

20 ......

20 ......

20 ......

26th

20 ......

20 ......

20 ......

20 ......

20 ......

27th

20 ......

20 ......

20 ......

20 ......

20 ......

28th ....

20 ......

20 ......

20 ......

20 ......

20 ......

29th

20 ......

20 ......

20 ......

20 ......

20 ......

30th

20 ......

20 ......

20 ......

20 ......

20 ......

31st ....

20 ......

20 ......

20 ......

20 ......

20 ......

MONTH:

....

1st ....

20 ......

20 ......

20 ......

20 ......

20 ......

2nd

20 ......

20 ......

20 ......

20 ......

20 ......

3rd

20 ......

20 ......

20 ......

20 ......

20 ......

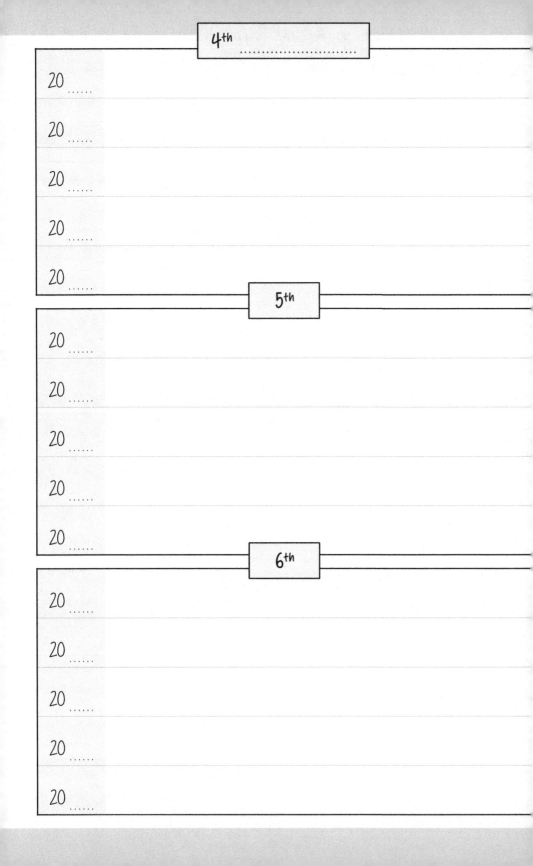

4th ....

20 ......

20 ......

20 ......

20 ......

20 ......

5th

20 ......

20 ......

20 ......

20 ......

20 ......

6th

20 ......

20 ......

20 ......

20 ......

20 ......

7th

....

20 ......

20 ......

20 ......

20 ......

20 ......

8th

20 ......

20 ......

20 ......

20 ......

20 ......

9th

20 ......

20 ......

20 ......

20 ......

20 ......

10th

20 ......

20 ......

20 ......

20 ......

20 ......

11th

20 ......

20 ......

20 ......

20 ......

20 ......

12th

20 ......

20 ......

20 ......

20 ......

20 ......

13th

....

20 ......

20 ......

20 ......

20 ......

20 ......

14th

20 ......

20 ......

20 ......

20 ......

20 ......

15th

20 ......

20 ......

20 ......

20 ......

20 ......

16th ....

20 ......

20 ......

20 ......

20 ......

20 ......

17th

20 ......

20 ......

20 ......

20 ......

20 ......

18th

20 ......

20 ......

20 ......

20 ......

20 ......

20 ......

20 ......

20 ......

20 ......

20 ......

20th

20 ......

20 ......

20 ......

20 ......

20 ......

21st

20 ......

20 ......

20 ......

20 ......

20 ......

22nd ....

20 ......

20 ......

20 ......

20 ......

20 ......

23rd

20 ......

20 ......

20 ......

20 ......

24th

20 ......

20 ......

20 ......

20 ......

20 ......

25th

....

20 ......

20 ......

20 ......

20 ......

20 ......

26th

20 ......

20 ......

20 ......

20 ......

20 ......

27th

20 ......

20 ......

20 ......

20 ......

20 ......

20 ......

20 ......

20 ......

20 ......

20 ......

20 ......

20 ......

20 ......

20 ......

20 ......

20 ......

20 ......

20 ......

20 ......

20 ......

20 ......

20 ......

20 ......

20 ......

20 ......

MONTH:

....

1st ....

20 ......

20 ......

20 ......

20 ......

20 ......

2nd

20 ......

20 ......

20 ......

20 ......

20 ......

3rd

20 ......

20 ......

20 ......

20 ......

20 ......

4th

20 ......

20 ......

20 ......

20 ......

20 ......

5th

20 ......

20 ......

20 ......

20 ......

20 ......

6th

20 ......

20 ......

20 ......

20 ......

20 ......

7th ....

20 .....

20 .....

20 .....

20 .....

20 .....

8th

20 .....

20 .....

20 .....

20 .....

20 .....

9th

20 .....

20 .....

20 .....

20 .....

20 .....

20 ......

20 ......

20 ......

20 ......

20 ......

11th

20 ......

20 ......

20 ......

20 ......

20 ......

12th

20 ......

20 ......

20 ......

20 ......

20 ......

13th

20 ......

20 ......

20 ......

20 ......

20 ......

14th

20 ......

20 ......

20 ......

20 ......

20 ......

15th

20 ......

20 ......

20 ......

20 ......

20 ......

16th ....

20 ......

20 ......

20 ......

20 ......

20 ......

17th

20 ......

20 ......

20 ......

20 ......

20 ......

18th

20 ......

20 ......

20 ......

20 ......

20 ......

19th ....

20 ......

20 ......

20 ......

20 ......

20 ......

20th

20 ......

20 ......

20 ......

20 ......

20 ......

21st

20 ......

20 ......

20 ......

20 ......

20 ......

22nd ....

20 ......

20 ......

20 ......

20 ......

20 ......

23rd

20 ......

20 ......

20 ......

20 ......

24th

20 ......

20 ......

20 ......

20 ......

20 ......

25th ....

20 ......

20 ......

20 ......

20 ......

20 ......

26th

20 ......

20 ......

20 ......

20 ......

20 ......

27th

20 ......

20 ......

20 ......

20 ......

20 ......

20 ......

20 ......

20 ......

20 ......

20 ......

29th

20 ......

20 ......

20 ......

20 ......

20 ......

30th

20 ......

20 ......

20 ......

20 ......

20 ......

31st ....

20 ......

20 ......

20 ......

20 ......

20 ......

MONTH:

....

1st
....

20 ......

20 ......

20 ......

20 ......

20 ......

2nd

20 ......

20 ......

20 ......

20 ......

20 ......

3rd

20 ......

20 ......

20 ......

20 ......

20 ......

4th ....

20 ......

20 ......

20 ......

20 ......

20 ......

5th

20 ......

20 ......

20 ......

20 ......

20 ......

6th

20 ......

20 ......

20 ......

20 ......

20 ......

7th ....

20 ......

20 ......

20 ......

20 ......

20 ......

8th

20 ......

20 ......

20 ......

20 ......

20 ......

9th

20 ......

20 ......

20 ......

20 ......

20 ......

10th ....

20 ......

20 ......

20 ......

20 ......

20 ......

11th

20 ......

20 ......

20 ......

20 ......

20 ......

12th

20 ......

20 ......

20 ......

20 ......

20 ......

13th

20 ......

20 ......

20 ......

20 ......

20 ......

14th

20 ......

20 ......

20 ......

20 ......

20 ......

15th

20 ......

20 ......

20 ......

20 ......

20 ......

16th ....

20 ......

20 ......

20 ......

20 ......

20 ......

17th

20 ......

20 ......

20 ......

20 ......

20 ......

18th

20 ......

20 ......

20 ......

20 ......

20 ......

19th ....

20 ......

20 ......

20 ......

20 ......

20 ......

20th

20 ......

20 ......

20 ......

20 ......

20 ......

21st

20 ......

20 ......

20 ......

20 ......

20 ......

22nd ....

20 ......

20 ......

20 ......

20 ......

20 ......

23rd

20 ......

20 ......

20 ......

20 ......

20 ......

24th

20 ......

20 ......

20 ......

20 ......

20 ......

25th ....

20 ......

20 ......

20 ......

20 ......

20 ......

26th

20 ......

20 ......

20 ......

20 ......

20 ......

27th

20 ......

20 ......

20 ......

20 ......

20 ......

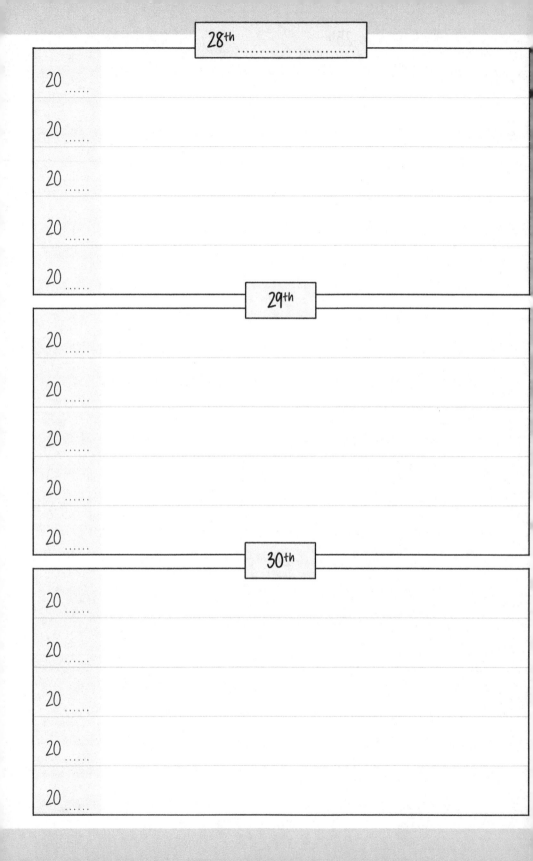

28th

20 ......

20 ......

20 ......

20 ......

20 ......

29th

20 ......

20 ......

20 ......

20 ......

20 ......

30th

20 ......

20 ......

20 ......

20 ......

20 ......

31st

20 ......

20 ......

20 ......

20 ......

20 ......

MONTH:

....

1st
....

20 ......

20 ......

20 ......

20 ......

20 ......

2nd

20 ......

20 ......

20 ......

20 ......

20 ......

3rd

20 ......

20 ......

20 ......

20 ......

20 ......

4th

20 ......

20 ......

20 ......

20 ......

20 ......

5th

20 ......

20 ......

20 ......

20 ......

20 ......

6th

20 ......

20 ......

20 ......

20 ......

20 ......

7th ....

20 ......

20 ......

20 ......

20 ......

20 ......

8th

20 ......

20 ......

20 ......

20 ......

20 ......

9th

20 ......

20 ......

20 ......

20 ......

20 ......

20 ......

20 ......

20 ......

20 ......

20 ......

20 ......

20 ......

20 ......

20 ......

20 ......

20 ......

20 ......

20 ......

20 ......

20 ......

13th

20 . . . . . .

20 . . . . . .

20 . . . . . .

20 . . . . . .

20 . . . . . .

14th

20 . . . . . .

20 . . . . . .

20 . . . . . .

20 . . . . . .

15th

20 . . . . . .

20 . . . . . .

20 . . . . . .

20 . . . . . .

20 . . . . . .

16th ....

20 ......

20 ......

20 ......

20 ......

20 ......

17th

20 ......

20 ......

20 ......

20 ......

20 ......

18th

20 ......

20 ......

20 ......

20 ......

20 ......

19th ....

20 ......

20 ......

20 ......

20 ......

20 ......

20th

20 ......

20 ......

20 ......

20 ......

21st

20 ......

20 ......

20 ......

20 ......

20 ......

22nd ....

20 ......

20 ......

20 ......

20 ......

20 ......

23rd

20 ......

20 ......

20 ......

20 ......

24th

20 ......

20 ......

20 ......

20 ......

20 ......

25th ....

20 ......

20 ......

20 ......

20 ......

20 ......

26th

20 ......

20 ......

20 ......

20 ......

20 ......

27th

20 ......

20 ......

20 ......

20 ......

20 ......

28th ....

20 ......

20 ......

20 ......

20 ......

20 ......

29th

20 ......

20 ......

20 ......

20 ......

20 ......

30th

20 ......

20 ......

20 ......

20 ......

20 ......

31st ....

20 ......

20 ......

20 ......

20 ......

20 ......

MONTH:

....

1st ....

20 ......

20 ......

20 ......

20 ......

20 ......

2nd

20 ......

20 ......

20 ......

20 ......

20 ......

3rd

20 ......

20 ......

20 ......

20 ......

20 ......

4th

20 ......

20 ......

20 ......

20 ......

20 ......

5th

20 ......

20 ......

20 ......

20 ......

20 ......

6th

20 ......

20 ......

20 ......

20 ......

20 ......

7th

20 ......

20 ......

20 ......

20 ......

20 ......

8th

20 ......

20 ......

20 ......

20 ......

20 ......

9th

20 ......

20 ......

20 ......

20 ......

20 ......

20 ......

20 ......

20 ......

20 ......

20 ......

11th

20 ......

20 ......

20 ......

20 ......

20 ......

12th

20 ......

20 ......

20 ......

20 ......

20 ......

13th ....

20 ......

20 ......

20 ......

20 ......

20 ......

14th

20 ......

20 ......

20 ......

20 ......

20 ......

15th

20 ......

20 ......

20 ......

20 ......

20 ......

16th ....

20 ......

20 ......

20 ......

20 ......

20 ......

17th

20 ......

20 ......

20 ......

20 ......

20 ......

18th

20 ......

20 ......

20 ......

20 ......

20 ......

19th

20 ......

20 ......

20 ......

20 ......

20 ......

20th

20 ......

20 ......

20 ......

20 ......

20 ......

21st

20 ......

20 ......

20 ......

20 ......

20 ......

22nd ....

20 ......

20 ......

20 ......

20 ......

20 ......

23rd

20 ......

20 ......

20 ......

20 ......

20 ......

24th

20 ......

20 ......

20 ......

20 ......

20 ......

25th ....

20 ......

20 ......

20 ......

20 ......

20 ......

26th

20 ......

20 ......

20 ......

20 ......

20 ......

27th

20 ......

20 ......

20 ......

20 ......

20 ......

28th

....

20 ......

20 ......

20 ......

20 ......

20 ......

29th

20 ......

20 ......

20 ......

20 ......

20 ......

30th

20 ......

20 ......

20 ......

20 ......

20 ......

31st ....

20 ......

20 ......

20 ......

20 ......

20 ......

MONTH:

....

1st ....

20 ......

20 ......

20 ......

20 ......

20 ......

2nd

20 ......

20 ......

20 ......

20 ......

3rd

20 ......

20 ......

20 ......

20 ......

20 ......

4th ....

20 ......

20 ......

20 ......

20 ......

20 ......

5th

20 ......

20 ......

20 ......

20 ......

20 ......

6th

20 ......

20 ......

20 ......

20 ......

20 ......

7th ....

20 ......

20 ......

20 ......

20 ......

20 ......

8th

20 ......

20 ......

20 ......

20 ......

20 ......

9th

20 ......

20 ......

20 ......

20 ......

20 ......

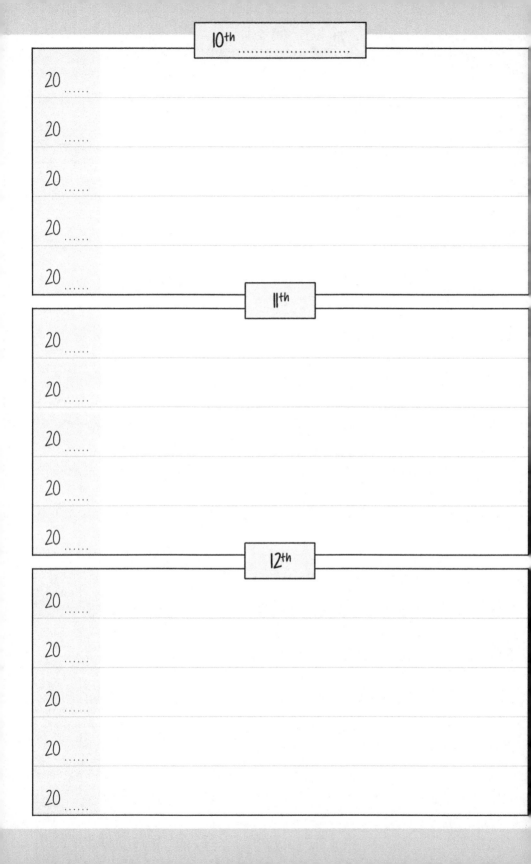

10th ....

20 ......

20 ......

20 ......

20 ......

20 ......

11th

20 ......

20 ......

20 ......

20 ......

20 ......

12th

20 ......

20 ......

20 ......

20 ......

20 ......

13th ....

20 ......

20 ......

20 ......

20 ......

20 ......

14th

20 ......

20 ......

20 ......

20 ......

20 ......

15th

20 ......

20 ......

20 ......

20 ......

20 ......

16th

20 ......

20 ......

20 ......

20 ......

20 ......

17th

20 ......

20 ......

20 ......

20 ......

20 ......

18th

20 ......

20 ......

20 ......

20 ......

20 ......

19th ....

20 ......

20 ......

20 ......

20 ......

20 ......

20th

20 ......

20 ......

20 ......

20 ......

21st

20 ......

20 ......

20 ......

20 ......

20 ......

22nd

20 ......

20 ......

20 ......

20 ......

20 ......

23rd

20 ......

20 ......

20 ......

20 ......

20 ......

24th

20 ......

20 ......

20 ......

20 ......

20 ......

25th ....

20 ......

20 ......

20 ......

20 ......

20 ......

26th

20 ......

20 ......

20 ......

20 ......

20 ......

27th

20 ......

20 ......

20 ......

20 ......

20 ......

28th ....

20 ......

20 ......

20 ......

20 ......

20 ......

29th

20 ......

20 ......

20 ......

20 ......

20 ......

30th

20 ......

20 ......

20 ......

20 ......

20 ......

31st ....

20 ......

20 ......

20 ......

20 ......

20 ......

MONTH:

....

1st ....

20 ......

20 ......

20 ......

20 ......

20 ......

2nd

20 ......

20 ......

20 ......

20 ......

3rd

20 ......

20 ......

20 ......

20 ......

20 ......

4th ....

20 ......

20 ......

20 ......

20 ......

20 ......

5th

20 ......

20 ......

20 ......

20 ......

20 ......

6th

20 ......

20 ......

20 ......

20 ......

20 ......

7th ....

20 ......

20 ......

20 ......

20 ......

20 ......

8th

20 ......

20 ......

20 ......

20 ......

20 ......

9th

20 ......

20 ......

20 ......

20 ......

20 ......

10th

20 ......

20 ......

20 ......

20 ......

20 ......

11th

20 ......

20 ......

20 ......

20 ......

20 ......

12th

20 ......

20 ......

20 ......

20 ......

20 ......

13th ....

20 ......

20 ......

20 ......

20 ......

20 ......

14th

20 ......

20 ......

20 ......

20 ......

15th

20 ......

20 ......

20 ......

20 ......

20 ......

16th

20 ......

20 ......

20 ......

20 ......

20 ......

17th

20 ......

20 ......

20 ......

20 ......

20 ......

18th

20 ......

20 ......

20 ......

20 ......

20 ......

19th ....

20 ......

20 ......

20 ......

20 ......

20 ......

20th

20 ......

20 ......

20 ......

20 ......

21st

20 ......

20 ......

20 ......

20 ......

20 ......

22nd ....

20 ......

20 ......

20 ......

20 ......

20 ......

23rd

20 ......

20 ......

20 ......

20 ......

20 ......

24th

20 ......

20 ......

20 ......

20 ......

20 ......

25th ....

20 ......

20 ......

20 ......

20 ......

20 ......

26th

20 ......

20 ......

20 ......

20 ......

20 ......

27th

20 ......

20 ......

20 ......

20 ......

20 ......

28th

20 ......

20 ......

20 ......

20 ......

20 ......

29th

20 ......

20 ......

20 ......

20 ......

20 ......

30th

20 ......

20 ......

20 ......

20 ......

20 ......

31st ....

20 ......

20 ......

20 ......

20 ......

20 ......

MONTH:

....

1st ....

20 ......

20 ......

20 ......

20 ......

20 ......

2nd

20 ......

20 ......

20 ......

20 ......

3rd

20 ......

20 ......

20 ......

20 ......

20 ......

4th ....

20 ......

20 ......

20 ......

20 ......

20 ......

5th

20 ......

20 ......

20 ......

20 ......

20 ......

6th

20 ......

20 ......

20 ......

20 . ...

20 ......

7th

20 ......

20 ......

20 ......

20 ......

20 ......

8th

20 ......

20 ......

20 ......

20 ......

20 ......

9th

20 ......

20 ......

20 ......

20 ......

20 ......

20 ......

20 ......

20 ......

20 ......

20 ......

11th

20 ......

20 ......

20 ......

20 ......

20 ......

12th

20 ......

20 ......

20 ......

20 ......

20 ......

13th ....

20 ......

20 ......

20 ......

20 ......

20 ......

14th

20 ......

20 ......

20 ......

20 ......

15th

20 ......

20 ......

20 ......

20 ......

20 ......

16th

20 ......

20 ......

20 ......

20 ......

20 ......

17th

20 ......

20 ......

20 ......

20 ......

20 ......

18th

20 ......

20 ......

20 ......

20 ......

20 ......

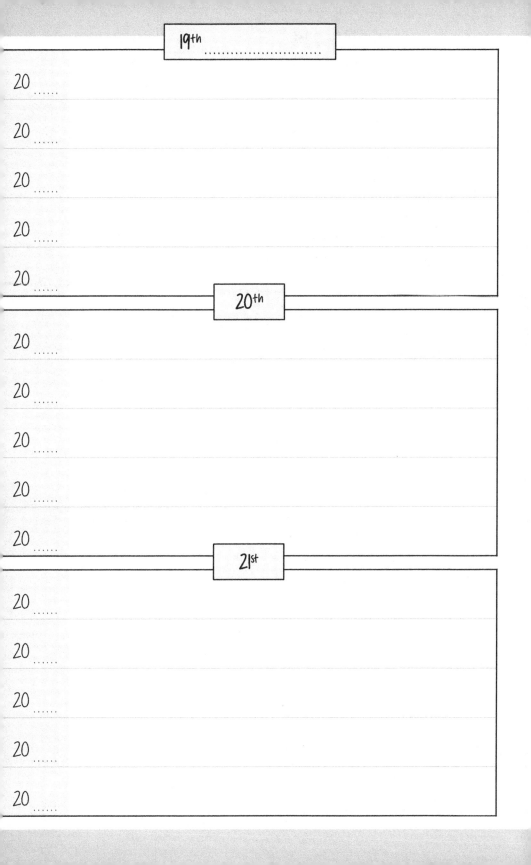

19th . . . .

20 . . . . . .

20 . . . . . .

20 . . . . . .

20 . . . . . .

20 . . . . . .

20th

20 . . . . . .

20 . . . . . .

20 . . . . . .

20 . . . . . .

20 . . . . . .

21st

20 . . . . . .

20 . . . . . .

20 . . . . . .

20 . . . . . .

20 . . . . . .

22nd ....

20 .....

20 .....

20 .....

20 .....

20 .....

23rd

20 .....

20 .....

20 .....

20 .....

20 .....

24th

20 .....

20 .....

20 .....

20 .....

20 .....

25th ....

20 ......

20 ......

20 ......

20 ......

20 ......

26th

20 ......

20 ......

20 ......

20 ......

20 ......

27th

20 ......

20 ......

20 ......

20 ......

20 ......

28th ....

20 ......

20 ......

20 ......

20 ......

20 ......

29th

20 ......

20 ......

20 ......

20 ......

20 ......

30th

20 ......

20 ......

20 ......

20 ......

20 ......

20 ......

20 ......

20 ......

20 ......

20 ......

Made in the USA
Coppell, TX
15 October 2024

38429392R00085